ABRÉGÉ
DE LA VIE
DE
Sⁱ FRANÇOIS XAVIER
SUIVI DE LA
NEUVAINE
Dédié
A TOUS LES FIDÈLES
Par Alphonse ZOMBACH.

PRIX : 20 CENT.

PARIS
CHEZ ALPHONSE ZOMBACH
42, RUE ZACHARIE
1847

ABRÉGÉ

DE LA VIE

DE

S^T FRANÇOIS XAVIER

MISSIONNAIRE.

SAINT FRANÇOIS XAVIER, descendant d'une famille illustre et alliée même à la couronne de Navarre et d'Aragon, naquit dans le château de Xavier, à sept lieues de Pampelune, capitale du royaume de Navarre, l'an 1506 de Notre-Seigneur. La divine Providence, qui avait de merveilleux desseins sur ce grand homme, disposa toutes choses avec tant d'ordre et de sagesse, que ce glorieux Apôtre d'Orient vint au monde au même temps que Vasco de Gama découvrit, sous les auspices de la couronne du Portugal, et subjugua les Indes Orientales, que ce Saint devait bientôt soumettre à Jésus-Christ par la foi et par la prédication de l'Évangile.

Après ses premières années passées dans les exercices ordinaires de la jeunesse, il vint à Paris, où, ayant reçu le titre de docteur de l'Université et ayant enseigné la philosophie avec succès, il parut avec éclat dans la théologie et toutes les autres sciences. Il fut puissamment touché de la grâce, et attiré fortement à Dieu par les ardentes prières et la sage conduite de saint Ignace de Loyola, au point que, ayant résolu de renoncer au monde et de ne plus s'employer qu'à son salut et à celui du prochain, il en fit vœu exprès avec ses compagnons, à Montmartre, près Paris, le jour de la glorieuse Assomption de la sainte Vierge, auquel on peut dire que la Compagnie de Jésus prit naissance, et jeta ses premiers fondements sur les cendres et les os sacrés de ces martyrs.

Quelque temps après cette consécration, il sortit de France, en l'année 1536, et passant par l'Allemagne il arriva en Italie. Durant ce voyage, il inventa, pour dompter sa chair, un genre de supplice aussi sensible qu'ingénieux, lorsque voulant venger l'innocente complaisance qu'il avait eu autrefois à sauter et à danser agréablement, il se lia les jambes de menues cordes si serrées, que les nœuds s'étant enfoncés et perdus bien avant dans la chair, avec des douleurs extrêmes, il fut sur le point de perdre les jambes, et peut-être la vie, si Dieu ne l'eût guéri miraculeusement.

La même ferveur le porta encore à faire une des actions les plus héroïques qu'on puisse imaginer. Ce fut à Venise, dans l'hôpital des Incurables, où, servant un pauvre malheureux rongé d'un ulcère malin, et sentant dans son âme une étrange aversion qui lui donnait même de la peine à l'approcher, il fut transporté tout d'un coup d'un si grand zèle de se vaincre, et d'une si sainte indignation contre lui-même, que se jetant sur ce corps, ou plutôt sur ce cadavre à moitié pourri, il le prit, l'embrassa, colla sa bouche sur ses plaies, et en suça à diverses reprises, avec un visage enflammé, toute la boue et l'ordure qui en sortaient. Cette victoire si signalée lui valut aussi beaucoup, et dès lors il mérita la grâce de ne plus éprouver aucune difficulté à servir les malades les plus rebutants.

Après ces premiers essais de sa ferveur, qui pourraient passer dans les autres pour les derniers efforts d'une vertu consommée, Dieu commença à lui faire connaître plus particulièrement les grandes choses où il le destinait. Tantôt il lui semblait en dormant qu'il portait un Maure sur ses épaules ; tantôt qu'il voyait ces pauvres peuples abandonnés, lui tendre les mains, et lui crier : « Xavier, sauvez-nous! » Une autre fois, saint Jérôme lui apparut à Vicène, dans une grande maladie qu'il y eut, où, après l'avoir guéri, il l'assura encore de sa mission aux Indes.

A quelque temps de là, les ardentes poursuites de Jean III, roi de Portugal, selon l'aveu de saint Ignace, et avec l'approbation du Saint-Père Paul III, qui l'honora de la dignité de légat apostolique en Orient, il se rendit à Lisbonne, où il s'embarqua pour les Indes, en l'année 1541. Puis, ayant traversé le grand Océan, il aborda le Mozambique; ensuite il alla à Melinde, Socotora et Goa, où après avoir travaillé infatigablement durant quelques années à la conversion des infidèles et à la réformation des mœurs des chrétiens, remontant sur mer, il entreprit de nouveaux voyages du côté de Travancor, Meliapor, et plusieurs autres provinces et royaumes inconnus. Après, il passa à Malacca, aux Moluques, à l'île du More et au Japon, où son zèle ne trouvant plus de pays à courir et à convertir (car il était arrivé au bout du monde), il retourna vers la Chine.

On compte plus de 32,000 lieues qu'il fit par l'Europe, l'Afrique, l'Asie et la mer qui va à l'Amérique, élevant partout la Croix sur les ruines du paganisme. Il baptisa de sa propre main plus de douze cent mille Idolâtres, parla de cent sortes de langues différentes, et, ce qui est plus admirable, c'est que prêchant à des gens de diverses nations il était également entendu de tous; son bras ou sa main renversa quarante mille idoles. Il établit la vraie foi par une infinité de prodiges : avec son seul crucifix en main, il arrêta et mit en fuite une puissante armée de Barbares qui venait fondre sur son troupeau de chrétiens nouvellement convertis. Il prédisait les choses les plus éloignées, et on l'a vu souvent en divers lieux en même temps, pour ne manquer à aucun de ceux qui imploraient son aide.

Enfin, pour terminer une vie qui serait infinie, si l'on voulait raconter ses vertus et ses miracles, après avoir maîtrisé les démons, commandé aux éléments, chassé les maladies et vaincu souvent la mort même, cet infatigable ouvrier de l'Évangile, cet illustre successeur de saint Thomas, ce nouveau Paul, Apôtre des gentils, cet homme si puissant en œuvres et en paroles, qui avait tiré tout l'Orient des ombres de la mort, mourut lui-même à Sancian, île de la Chine, consumé par le feu de son zèle bien plus que par l'ardeur de la fièvre, abandonné de tout secours humain, dépourvu de tout remède, couché par terre dans le coin d'une cabane à la vue de la Chine, où il avait souhaité si fort d'entrer, et sans autre consolation que celle qu'il ressentait dans les baisers et les embrassements du crucifix, il expira avec une douce plainte à son Jésus de ce qu'il ne mourait pas, comme tant de généreux Martyrs, consumé dans les flammes pour son amour.

Ce fut en 1552, le 2 décembre, qui se trouva un jour de vendredi; il était dans la quarante-sixième année de son âge, la douzième année de sa vie religieuse en la Compagnie de Jésus, et la dixième année de sa Légation apostolique aux Indes.

On remarqua qu'en la dernière année de sa vie, une image de Jésus crucifié, qui était dans la chapelle du château de Xaxier, suait le sang à grosses gouttes à la même heure, et toutes les fois que ce saint Apôtre exécutait quelque grand travail aux Indes.

Le crédit qu'il a dans le Ciel paraît par la grande quantité de prodiges dont Dieu l'honore tous les jours sur la terre. Il a ressuscité vingt-quatre morts, qui sont rapportés aux actes de sa canonisation, et depuis on en a encore trouvé vingt-sept autres prouvés juridiquement. L'évêque de Malacca a tenu compte de huit cents miracles arrivés en son diocèse, et, en 1652, les habitants de la bourgade de Potamo en Calabre, et des lieux voisins, avouèrent qu'ils reçurent cent quarante-deux faveurs considérables par l'intercession de ce Saint.

La ville de Goa, métropolitaine de l'Inde orientale, est la dépositaire de son corps, et Rome possède son bras droit, en la translation duquel il arriva une chose tout à fait étonnante. C'est que la petite barque qui le portait, étant poursuivie par un puissant corsaire et près d'être accrochée, les mariniers, ne sachant plus que faire, prirent ce bras opérateur de tant de merveilles et le mirent sur le haut de la hune, d'où il foudroya et frappa ces voleurs de mer de tant d'étonnement, qu'ils demeurèrent immobiles sans que leur vaisseau, qui allait auparavant à pleines voiles, pût s'approcher de cette barque.

Enfin, et comme si notre Seigneur avait réservé ce siècle pour faire éclater la puissance de son serviteur, on voit aujourd'hui des villes entières se convertir à l'envi à ce glorieux Saint : Naples, Pampelune, Parme, Marcenac, et plusieurs autres, l'ont choisi pour être leur patron et leur protecteur. A Paris, Toulouse, Embrun, Grenoble, à l'exemple de Naples, on a érigé, sous son titre, de magnifiques Églises, de riches institutions, et entre autres de pieuses Sociétés où le concours des peuples s'augmente tous les jours, par la grâce et les faveurs célestes que Dieu répand sur ceux qui recourent à ce grand Apôtre avec confiance et dévotion.

NEUVAINE
DE
SAINT FRANÇOIS XAVIER

CONSIDÉRATIONS SUR LA NEUVAINE

PREMIER JOUR.

Sa conversion et son parfait détachement.

Xavier, entièrement livré à l'amour de lui-même, ne songeait qu'à s'avancer par la voie des sciences qu'il avait apprises, et qu'il enseignait avec succès à Paris, lorsqu'Ignace de Loyola, qui jetait en ce temps-là les fondements de sa Compagnie, le regarda comme une conquête importante. Ce saint homme l'entreprit, il l'enleva au monde et lui inspira le dessein de se donner parfaitement à Dieu.

Xavier fit un mois de retraite sous la conduite d'Ignace. Il en sortit plein de Dieu, et rien de mortel ne fut capable d'arrêter un seul de ses regards. On lui offre un bénéfice considérable à Pampelune, et il le refuse; on lui propose de faire par esprit de dévotion le voyage de la Terre Sainte, et il s'y engage par un vœu exprès. Il avait été vain, fier, avide de louanges, il se mit à servir ses compagnons avec humilité; il se logea, à Venise, dans l'hôpital des Incurables, s'occupant à faire les lits des malades, à panser leurs plaies et à leur rendre les services les plus abjects. De plus, pour empêcher que la vue de ses parents ne partage son cœur avec l'amour qu'il doit à son Dieu, il passe, en quittant l'Europe, assez près du château de Xavier sans se détourner de quelques pas pour voir sa famille, et dire un dernier adieu à sa mère.

On peut juger de la sincérité d'une conversion par des traits aussi marqués d'un détachement parfait.

—

DEUXIÈME JOUR.

Sa mortification et son amour pour les souffrances.

On ne peut-être à Jésus-Christ, dit saint Paul, si l'on ne crucifie sa chair et ses désirs déréglés, c'est-à-dire si l'on ne se mortifie. C'est ce que comprit d'abord saint François Xavier, et ce qui lui fit embrasser la pénitence. Il jeûnait trois et quatre jours de suite, et se tourmentait par des austérités étonnantes, qu'il modéra à la vérité par ordre d'Ignace, mais dont il ne quitta jamais entièrement l'usage.

En Europe, il logea dans les hôpitaux, et vécut toujours d'aumônes; aux Indes, ses repas ordinaires étaient, comme ceux des pauvres du pays, du riz et de l'eau, encore mangeait-il si peu, qu'un de ses compagnons assure que c'était une espèce de miracle qu'il en pût vivre. Au Japon, il s'abstint entièrement de chair et de poisson :

des racines amères et des légumes cuits à l'eau faisaient toute sa nourriture pendant ses travaux continuels. Il faisait à pied tous ses voyages de terre, même au Japon, où les chemins sont très rudes, et il marchait souvent pieds nus dans la saison la plus rigoureuse. Il dormait trois heures au plus, tantôt à terre sous la cabane d'un pêcheur, tantôt sur les cordages d'un navire ou sur quelques simples planches.

Toutes les rigueurs que les Bonzes, grands hypocrites, faisaient semblant d'exercer pour en imposer au peuple, il les pratiquait à la lettre, tant le désir de souffrir pour Jésus-Christ et pour l'édification du prochain lui inspirait l'amour de la croix et la lui faisait embrasser de toutes les forces de son âme.

TROISIÈME JOUR.

Son amour pour Dieu et son zèle pour sa gloire.

L'AMOUR de Dieu s'était tellement allumé dans le cœur de Xavier, qu'il en était tout embrasé : souvent on lui voyait le visage tout en feu. Il ne pouvait cacher ni retenir les transports de sa flamme ; on lui entendait dire même pendant son sommeil : « O « très sainte Trinité !... ô mon Jésus !... ô « Jésus, l'amour de mon cœur ! » Rien ne l'affligeait tant que de voir Dieu offensé. Il brûlait du désir de répandre son sang pour sa gloire.

Son amour ne s'en tint pas à ces tendres affections; ce qu'il entreprit et qu'il exécuta en montre bien mieux la preuve. Nommé à la mission des Indes, il quitta l'Italie et le Portugal où il travaillait avec un succès prodigieux, traversa le grand Océan, alla jusqu'aux extrémités de l'Asie, pénétra dans plusieurs régions jusqu'alors inconnues, fit plus de chemin qu'il n'en faudrait pour faire trois fois le tour du monde, prêcha l'Évangile dans toutes les îles du Japon, renversa plus de quarante mille idoles, baptisa plus de douze cent mille idolâtres, et fit adorer Dieu dans près de trois cents royaumes, essuyant pour cela des travaux infatigables, s'exposant à des dangers terribles, affrontant la mort, bravant les supplices, surmontant les plus grands obstacles et faisant tout céder à la force de son zèle. Cependant, comme s'il n'avait rien fait, il se proposa d'entrer dans la Chine, de pénétrer dans la Tartarie, de retourner par le septentrion, pour réduire les hérétiques et rétablir les mœurs en Europe; enfin, d'aller en Afrique et repasser de là en Asie, pour y chercher et conquérir de nouveaux royaumes à Jésus-Christ. Tel est le zèle que l'amour inspire.

QUATRIÈME JOUR.

Sa charité envers le prochain et son zèle pour les âmes.

La charité envers le prochain fut comme la passion dominante de saint François Xavier. Il avait pour les pauvres affligés et les malades une tendresse de père; on le voyait, tout Légat apostolique qu'il était, mendier dans Goa pour subvenir aux besoins des Portugais et des Indiens qui étaient dans la nécessité. Les personnes même qui le persécutaient avaient plus de part à sa charité et à ses prières que les autres. Presque tout le temps qu'il reçut de si mauvais traitements du gouverneur de Malacca, il offrit pour lui le sacrifice de la sainte Messe.

Mais où son ardente charité a paru davantage, c'est dans le zèle inimitable qu'il avait pour le salut des âmes. Il aurait voulu convertir tous les hommes de l'univers, et il travaillait à la conversion des particuliers avec autant de soin qu'il en eût eu pour le salut de toute une nation. On eut beau lui représenter que dans l'île du More où il voulait aller, où il alla en effet, et qu'il convertit, que l'air y était contagieux à tous les étrangers, que la terre s'y entr'ouvrait, et qu'elle engloutissait par ses ouvertures dans les tourbillons de cendres et de flammes plusieurs de ses habitants; que les hommes, sauvages et cruels, s'empoisonnaient les uns les autres et se nourrissaient de chair humaine, sans épargner même leur propre père, à tout cela il répondit : « S'il « y avait dans cette île de grandes richesses, « beaucoup de gens intéressés ne s'épou-« vanteraient pas de ces dangers et y se-« raient déjà entrés. »

On ne peut lire sans étonnement ce que les hérétiques ont écrit des effets admirables de son zèle, et ce qu'ils en ont écrit n'est qu'une petite partie de ce qu'il a fait.

—

CINQUIÈME JOUR.

Sa confiance en Dieu.

Jamais homme ne s'est trouvé en tant de périls sur mer et sur terre que saint François Xavier. Après une tempête, qui avait brisé le vaisseau qui le portait, il s'est vu exposé trois jours et trois nuits sur une planche, à la merci des vents et des flots. Les barbares ont souvent décoché sur lui leurs flèches empoisonnées; il est tombé plusieurs fois entre les mains d'une populace en furie; des Sarrasins l'ont poursuivi à coups de pierres; les Brachmanes l'ont cherché pour le tuer, jusqu'à mettre le feu aux maisons où ils le croyaient caché; les Bonzes, prêtres des idoles, ont souvent attenté à sa vie, et se sont une fois assemblés au nombre de trois mille, résolus de faire leurs derniers efforts pour le perdre. Mais tous ces dangers ne servaient qu'à redoubler son courage, et plus il était menacé, plus il se confiait en Dieu. « Quand nous serions, disait-il dans « une de ses lettres, non-seulement dans les « pays des Barbares, mais même dans l'em- « pire des Démons, ni la barbarie la plus « cruelle, ni toute la rage de l'enfer ne « pourrait nous nuire sans la permission de « Dieu : c'est le seul que je crains. »

Aussi semble t-il que Dieu lui eût mis sa puissance entre les mains. Il chassa les démons, il eut le don des langues, il guérit des malades sans nombre, il ressuscita vingt-quatre morts, il arrêta lui seul une armée de Barbares, il changea les eaux de la mer, calma les tempêtes, sauva du naufrage, prophétisa l'avenir, découvrit le secret des cœurs..... C'était pour lui un miracle que de n'en point faire. Il était tout-puissant, parce qu'il mettait sa confiance en celui qui peut tout.

†

SIXIÈME JOUR.

Sa douceur.

Dès que Xavier se fut donné à Jésus-Christ, une des premières leçons qu'il prit de ce divin Maître fut la douceur. Il était d'une humeur si agréable, qu'il n'y avait personne qui ne recherchât sa compagnie : soldats, marchands, sauvages, tous étaient ravis de l'avoir avec eux. Le roi de Congo, un de ceux qui avaient été convertis par son moyen, lui dit un jour, charmé de son entretien : « Père François, si je vais en pa-
« radis, je veux y être auprès de vous. »

Il ne se fit aimer du prochain que pour l'engager à aimer Dieu. Aussi personne ne pouvait tenir contre les charmes de sa douceur. Une fois entre autres il logea avec trois soldats d'une vie très déréglée, et demeura un carême entier avec eux, toujours gai et de bonne humeur afin de les gagner.

Il gagna de la même manière un gentilhomme portugais, impie déclaré, qui se rendit à ses pressantes et affectueuses sollicitations. Les Indiens les plus barbares, et les pécheurs les plus endurcis dans le crime, perdaient leur dureté et leur férocité naturelle auprès de lui.

Ce n'est pas qu'il ne fût sévère et inflexible quand il le fallait. Il en usa ainsi contre le gouverneur de Malacca, qui, par un esprit d'intérêt et de jalousie, traversa toujours opiniâtrement le dessein qu'avait Xavier de passer en Chine pour y aller annoncer l'Évangile. Encore cette fermeté apostolique était-elle tempérée par des ménagements pleins de bonté; car pour les mauvais traitements, les insultes et les calomnies qui lui furent faites de la part des Portugais, il n'y répondit que par le silence et la modestie, et par les prières qu'il adressa tous les jours à Dieu pour eux à l'autel.

SEPTIÈME JOUR.

Son humilité.

Une des choses à quoi Xavier s'étudia davantage, et où il fit plus de progrès, fut l'humilité. Avant que de partir pour les Indes, on lui demanda, par ordre du roi de Portugal, un mémoire de tout ce qui lui serait nécessaire pour le voyage. Il répondit à l'intendant de marine qu'il remerciait très humblement le roi, et qu'il n'avait besoin de rien. « Du moins, reprit l'officier, « vous ne refuserez pas un valet pour vous « servir. — Je prétends bien me servir moi-« même et servir les autres, répartit Xavier. » Il le fit en effet. Les officiers et les marchands portugais qui connaissaient la noblesse de sa naissance, ne pouvaient assez s'étonner de le voir se contenter, comme le dernier des hommes, d'un méchant habit tout usé qu'il raccommodait de ses propres mains; ne vivre pour l'ordinaire que du pain qu'il mendiait, lors même qu'il pouvait subsister d'ailleurs; se plaire avec les pauvres et les enfants, servir les malades et se faire le valet de tous.

Mais rien n'était plus édifiant que les humbles sentiments que Xavier avait de lui-même, parmi les œuvres éclatantes qui lui attiraient l'admiration et les applaudissements de tout le monde. Occupé de son néant et de ses péchés, il se confondait et ne comprenait pas qu'il y eût rien en lui qu'on pût estimer. « Je n'ai jamais si bien « connu qu'au Japon l'abîme d'imperfec- « tions et de fautes qui est dans mon âme; « je les vois, et je connais sensiblement « combien il m'est nécessaire d'avoir quel- « qu'un qui veille sur moi et qui me gou- « verne. » C'est qu'il écrivit au père Ignace, son général.

HUITIÈME JOUR.

Sa piété.

C'est dans les premiers exercices qu'il fit sous la conduite d'Ignace, que Xavier avait épuisé cet esprit de piété qui contribua tant à sa sanctification ; il l'entretint et l'augmenta par une fréquente communication avec Dieu. A Goa, il se retirait dans le clocher pour ne pas être interrompu pendant les deux heures qu'il donnait chaque jour à la méditation. Il s'occupait de même dans le vaisseau depuis minuit jusqu'au lever du soleil. Aussi, les matelots, qui le savaient, disaient-ils : « Nous n'avons rien à craindre « des vents, le Père François parle à Dieu. »

Il se confessait tous les jours ; il célébrait le saint Sacrifice avec un air recueilli et si touchant, qu'il communiquait sa ferveur à tous ceux qui y assistaient. Il honorait la sainte Vierge comme sa mère et sa patronne, et il n'omettait rien pour affectionner les nouveaux Chrétiens à son culte et les engager à recourir à elle. Il recourait aussi aux saints Anges, à saint Joseph, sous la protection desquels il mettait ses missions.

Fidèle observateur des règles de son institut, il faisait fleurir en Asie, parmi ses frères, cet esprit d'ordre et de régularité dont le Père Ignace animait en Europe sa Compagnie naissante. On ne vit jamais religieux plus amateur de la pauvreté que lui. Il était chaste comme un Ange, et obéissant jusqu'à être prêt d'interrompre le cours de ses conquêtes évangéliques, comme il le déclara lui-même, et à partir des extrémités du Nouveau-Monde pour se rendre à Rome à la première lettre du nom d'Ignace.

Une piété aussi édifiante ne pouvait que produire d'excellents fruits dans les âmes.

—

NEUVIÈME JOUR.

*Son abandon à la Providence.
Sa sainte mort.*

Toute la vie de saint François Xavier a été un parfait abandon à la conduite de la Providence. Il accepta dans cet esprit la mission des Indes, et, en l'acceptant, quel sacrifice ne fit-il pas? Il fallait quitter son pays, sa famille, s'exposer à souffrir les rigueurs de toutes les saisons, la faim, la soif, les persécutions, l'exil, les mauvais traitements, la mort.

Xavier n'envisage point ces difficultés. Déjà il est à la vue de la Chine, ses désirs paraissent accomplis; mais le marchand qui avait promis de le passer lui manque de parole, et le Chinois qui devait lui servir d'interprète disparaît. Dans ce contre-temps la fièvre le saisit, et sentant qu'il ne devait pas en relever, il ne songea plus qu'à se préparer au voyage de l'éternité.

Le vaisseau lui était contraire. On le laissa malade sur le rivage, exposé à un grand vent. Il y serait mort, si un Portugais ne l'eût fait porter dans une pauvre cabane. Là, Xavier attendait sa dernière heure, abandonné de tout le monde, sans remèdes, sans secours. Tout lui manque, excepté Dieu sur lequel il se repose de tout. Il se console, tantôt en regardant le Ciel et tantôt un crucifix qu'il tenait dans sa main, tournant ses yeux baignés de larmes vers la Chine, plein de regret de la laisser idolâtre, mais content de faire un sacrifice à Dieu de son zèle et de sa vie. Enfin, ayant passé deux jours sans prendre de nourriture, et s'affaiblissant d'heure en heure, il expira le 2 décembre 1552, à l'âge de quarante-six ans, et à la dixième année de son apostolat dans les Indes.

†

† †

PRIÈRE

POUR TOUS LES JOURS DE LA NEUVAINE.

Très sainte et très adorable Trinité, Dieu seul en trois personnes, je me prosterne devant vous. Je vous adore avec les sentiments de la soumission la plus profonde, et, plein de confiance en votre bonté infinie, je vous supplie très humblement de m'accorder la grâce que vous m'avez inspiré vous-même de vous demander.

Je ne puis recourir qu'à vous, j'y viens sur votre parole; exaucez-moi, je vous en conjure, par le sang que Jésus-Christ mon Sauveur, votre aimable Fils, a répandu pour moi; par l'immaculée conception de Marie, sa glorieuse Mère, toujours Vierge, et par les mérites de saint François Xavier que j'invoque particulièrement dans cette Neuvaine.

Agréez, ô mon Dieu, la confiance que j'ai en votre serviteur, et faites que son intercession, qui a été si salutaire à tant d'autres, me devienne aussi favorable. Ainsi soit-il.

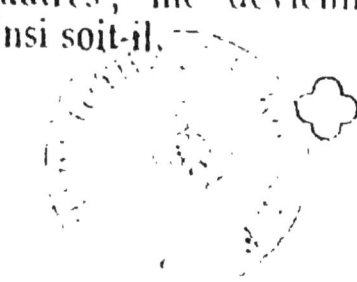

Paris. — Typog. et Lith. de A. Appert, passage du Caire, 54.

www.ingramcontent.com/pod-product-compliance
Lightning Source LLC
Chambersburg PA
CBHW060904050426

42453CB00010B/1573